Jo's truth

AF284077

Briefe an die Zeit

Gedichte

Johanna Schließer

Impressum

Bibliografische Information der Deutschen Nationalbibliothek:
Die Deutsche Nationalbibliothek verzeichnet diese Publikation in der Deutschen Nationalbibliografie; detaillierte bibliografische Daten sind im Internet über http://dnb.dnb.de abrufbar.

Kontakt Autor:
Johanna Schließer
Rotenwaldstraße 159
70197 Stuttgart
kontakt@jos-truth.de

Korrektorat: Anna Leyk
Covergestaltung: A & K Buchcover www. akbuchcover.de

Herstellung und Verlag: BoD – Books on Demand, Norderstedt

ISBN: 978-3-7557-3400-0

„Weine jetzt nicht mehr."

Für J.H.K.

Inhalt

Von Sehnsucht getrieben   9

Lust verspürt   19

Liebeskummer gehabt   31

Liebe erfahren   41

Voller Angst   53

Mut gemacht   63

Erfahrung gesammelt   77

Weisheit erlangt   91

Gemeinsam gelernt   107

Abschied genommen   123

Streitgespräch mit der Zeit   135

Von Sehnsucht getrieben

Das Leben schmeckt!

Das Leben schmeckt nach süßen Kirschen,
und neben Schmatzen hört man's knirschen.
Beißen genüsslich und kraftvoll rein.
Oh, Schmerz! Es trifft der Zahn auf Stein.

Drum ist es so mit dem Genuss:
Wer kosten will, auch leiden muss.
Drum traut euch und versucht es nur,
denn Sehnsucht ist der Hunger pur.

Und wer die Früchte nie probiert,
der lebt recht ärmlich und frustriert,
kennt weder Schmerz noch all die Süße,
das einzige Gefühl: stets kalte Füße.

Träume

Unsere größten Träume
verstecken wir in den tiefsten Schubladen,
schaffen dem Alltag die Räume,
wollen allem anderen nicht schaden.
Dort liegen sie über die Jahre,
nicht selten völlig vergessen.
Und neigt sich das Leben dem Ende,
ist's so,
als habe man sie niemals besessen.

Glück

„Werde glücklich! Sei ganz du!"
So der Leitsatz immerzu.
Die Bücher darüber gibt's zuhauf,
„Glücklich sein" steht meistens drauf.
Beantworten die ernsten Fragen
und haben doch nicht viel zu sagen.
Denn eine Frage, die bleibt zurück:
Was zum Teufel ist denn Glück?

Nur was?

Was wir wissen?
Was wir denken!
Was wir glauben
selbst zu lenken.
Was wir begreifen,
was wir erblicken,
lässt uns mal reifen
und mal entrücken.

Die Chance

Ungenutzt vorbeigezogen,
am richtigen Ort zur falschen Zeit.
Die Wahrheit um die Pflicht betrogen,
gewollt, aber noch nicht bereit?

Am Schopf gepackt die falschen Enden.
Noch nicht mal Spatzen in den Händen.
Zum letzten Strohhalm ging kein Griff,
weil man aufs Kleinvieh lieber pfiff.

Wie lang ersehnt, so oft erträumt?
Zur richtigen Zeit am falschen Ort.
So kam sie und zog leis hinfort,
vor lauter Suche glatt versäumt.

Zeig sie mir

Zeig mir die Mitte
und ich deute auf Seiten
von gedanklichen Weiten
mit Unzucht und Sitte.

Zeig mir den Rand
und in jedem Verstand
ist an ihm ein Horizont
mit Licht und Wolkenfront.

Zeig mir die Wahrheit,
ich zeige dir meine.
So entdecken wir Welten,
riesengroße und kleine.

Schauspiel

Verliebt in eine Illusion.
Doch sind wir ehrlich:
Was macht das schon?
Ist ungefährlich.
Eigene Bastion.

Ein Bild oder 'ne Stimme reicht,
Realität dem Traume weicht.
So schaffen wir der Welten zwei
mit viel Gefühl und allerlei
Wünschen, die noch unerfüllt
und alter Sehnsucht ungestillt.

Wenn wir uns selbst jetzt nicht verfielen?
Gewiss – würden mit anderen spielen.

Unvernunft

Meine Träume ertränkte ich in der Realität.
Einer nach dem anderen ersoff.
An der Oberfläche schimmernd ihre Farben.
Verkehrte Welt mit Regenbogen.
Stehe uniformiert am Ufer der Wahrheit
und passe doch nicht
zum grauen Stein der Weisen.

Also springe ich ihnen hinterher.
Und möge ich mit ihnen untergehen.
Sie sind mein!
Vernunft ist etwas für die großen Denker.

Lust verspürt

Ohne Reue

Liebes Köpfchen, sei doch still,
weil mein Herzlein leben will.

Die Vernunft fürchtet die Nacht.
Wenn der Morgen kalt erwacht,
kommt von ihr der Fingerzeig,
so ich gleich mein Köpfchen neig.

Doch mein Herzlein stört es nicht,
denn in ihm brennt stets hell ein Licht.

Das Geschenk

Du schenktest mir in einer Nacht
ein Stück von dir in voller Pracht.
Und was ich da in mir verspürte,
für den Moment das Herz berührte.

Doch jede Nacht weicht einem Tag,
ein Baum nicht ewig stehen vermag.
Auch sind die Herzen nicht nur rein,
doch sie sind fein, und meins bleibt mein.

Feuer frei!

Als ich Feuer fing,
wollte ich durchbrennen
und habe mir nur die Finger verbrannt.
Doch vorher bin ich wie ein Funke geflogen
und steige jetzt als Phönix aus der Asche.
Danke fürs Entzünden!

Der Reiz

Zwischen Dürfen und Wollen,
ein einfaches Sollen.
Zwischen Spitze und Seide
finden Augen die Weide.
Zwischen Sehen und Vermuten
liegen Ebben und Fluten.
Zwischen Ernst und dem Spiel
kennen beide ein Ziel.
Zwischen Wissen und Ahnen
Zungen sich Wege bahnen.
Zwischen Halten und Lassen
Hände streicheln und fassen.
Zwischen hart und zwischen weich
liegt der Gipfel himmelsgleich.

Alter Wein

Wenn ich dich mit'm Mund berühre,
dich daraufhin tief in mir spüre,
weiß ich, so muss es wohl sein:
junge Frau und alter Wein.

Wenn dein Duft mich so betört,
meine Zunge dir gehört,
schmeckt dein Alter mir genau,
ein alter Wein, 'ne junge Frau.

Wenn Gedanken du zerstreust,
hoff ich, dass du nicht bereust,
dich der jungen hingegeben,
welch ein Sterben - welch ein Leben!

Zauberstab

Ich kaufe mir für wenig Geld
aus Plastik einen kleinen Held.
Der trinkt bestimmt nicht zu viel Bier
und außerdem besorgt er's mir.
Ich mag es, wenn er leis vibriert,
mit ihm treib ich es ungeniert.
Und wenn ich mal so gar nicht will,
dann motzt er nicht, ist einfach still.

Liebesspiele

Er nahm ihr Herz und küsste es zart,
doch kitzelte dabei die Brust sein Bart.
So lachte sie, und vis-à-vis
rammte sie ihr zartes Knie
ungewollt, gezielt nicht recht
mit Wucht in sein nun prall Gemächt.

Es gab ein Jaulen und ein Stöhnen,
als wolle man der Liebe frönen.
Doch war's der Schmerz und nicht die Lust,
so brachte Kitzeln nunmehr Frust.

Er krümmte sich halb, sie schaute pikiert.
Ach, hätte er sich bloß rasiert,
dann wär' das sicher nicht passiert!
So schnell vorbei ward die Schäferstund,
drum treibe man es oft und bunt.

Wie die Hunde

Es kam der Rüde zu der Hündin:
„Ach, lass uns flugs ein Plätzchen finden,
wo wir haben unsere Ruh,
nur wir zwei, nur ich und du."

Es sprach die Hündin zu dem Rüden:
„Ich gehör nicht zu den Prüden,
doch so leicht geh ich nicht mit,
mit dir und deinem flotten Schritt."

„Ich küsse dir ganz sanft das Ohr
und sage leise noch davor,
wie wunderschön du wahrlich bist,
die erste, ach, auf meiner List'."

Es lächelte die Hündin frech.
„Bevor ich dein klein Herzchen brech,
lass ich dich machen, lass dich tun,
vielleicht kippt's mich ja aus den Schuhn."

Der Rüde küsste, schnüffelte, machte
auf dass die Hündin nur so schmachte.
Sie drehte sich und genoss es sehr,
doch wollt der Rüde bald nicht mehr.

„Das ist ja gegen die Natur!",
sprach er zu ihr. „Du bist recht stur!
Drum schau jetzt zu, wer dich noch küsst,
denn futsch sind all meine Gelüst."

„Ungeduld ist keine Tugend",
sprach sie und ging mit Stolz davon.
„Und ewig nicht ist deine Jugend!",
bellte er recht monoton.

So gingen sie getrennt vom Plätzchen
und die Moral all dieser Sätzchen:
„Komm mal zur Sache, liebes Schätzchen!"

Liebeskummer gehabt

Unbeschwert

Nie war ich so unbeschwert,
nie fühlte ich mich so begehrt
wie mit 16 Jahren.
Denn sie waren
leicht wie Watte,
und ich hatte
alle Zeit,
allein oder zu zweit.
Der Welt
Türen,
sie würden schon führen,
wohin ich wollte.
Doch sollte
alles anders kommen.
Und es kam
und nahm
meine Träume und Wünsche,
als seien sie nie gewesen.

Jetzt steht zu lesen,
was ist und nicht war.
Wie sonderbar,
dieses Leben.

Das Fell

Ich habe jetzt ein dickes Fell,
Gefühle leuchten nicht mehr hell.
Hab sie alle im Keim erstickt.
Wer fühlt, wird gern vom Schmerz gefickt.
So sitz ich hier und lächle nett,
nagle vors Herzchen Brett für Brett.
Und alles, was mich ausgemacht,
hab ich nun endlich umgebracht.

Mit dickem Fell, da lebt sich's leicht,
wenn nichts mehr bis zum Herzen reicht.
Kein Schmerz, kein Leid und keine Wut,
auch ohne Liebe lebt es sich gut.
Wer braucht schon Leidenschaft und Mut?
Geschweige denn noch Herzensblut?

Ich habe jetzt 'nen dicken Pelz,
spüre nichts mehr.
Anderen gefällt's.

Nachklang

Als ich einst dein Herz verspielte,
mit Wort und Tat genau drauf zielte,
trafen beide genau ins Schwarz.
Wie gerne ich alle Worte zu mir riefe,
auf dass sie schliefen in der Tiefe.
Und niemals trafen jenes Ziel,
das ich so liebte und im Spiel
allem Gesagten Nachklang gab,
bis ich am Ende nichts mehr hatte.

EX

Stirb endlich

im Gedanken

tausendfach

lieber

wärst

du

mir

doch egal,

damit Frieden herrsche.

Scharf

Der scharfe Verstand
schnitt ihr ins Herz.
Nun klafft dort ein Loch,
doch sie spürt keinen Schmerz.

Denn er nahm nicht die Liebe,
auch nicht die Sorgen.
Zerschnitt nur diesen Traum
auf ein anderes Morgen.

So träumt sie nicht mehr,
es fehlt nichts, was verschwand.
Und es gibt einen Herrscher:
den scharfen Verstand.

Wiederholungen

Wir schreiben immer wieder
so viele gleiche Lieder
nur über Gefühle,
die wir kennen,
um bereits offene Türen einzurennen,
weil wir berühren
und dennoch spüren:
Wir haben so viel gemein
und sind zu oft allein.

Liebe erfahren

Gegensätze

Nach mir kommt die Ebbe, mir dir steigt die Flut.
Ich bin nur der Funke, du leuchtende Glut.

Wir stoßen uns ab
und ziehen uns doch an.
Wärst gerne mal Frau und
ich zuweilen der Mann.

Nichts will uns einen, aber was soll uns trennen?
Wir wollen nicht wissen, wir lernen uns kennen.

Wir finden einander,
wenn auch selten zusammen.
Und wir kennen den anderen,
nicht nur beim Namen.

Kind

Berührst
in meinem Herzen
diesen einen Punkt.
Bedingungslose Liebe,
die mich selbst vorwärts triebe,
legte man mich in Ketten,
dennoch – ich werd dich retten!
Und dir beim Schlafen zusehen,
ist schon das größte Geschenk.

Noch immer

Noch immer
Hand in Hand
Herz an Herz
laufen wir gemeinsam
durch eine Welt,
die uns nicht kennt.

Hand in Hand
Stirn an Stirn
fliegen Gedanken
zwischen uns,
ungehört von anderen.

Hand in Hand
Kuss für Kuss
gehen wir weiter,
als sei es das erste Mal.

Nicht allein

Um einmal nur gesehen zu werden,
laufen wir allein, nicht in Herden.
Und doch ist der, der uns sieht,
auch der, der uns liebt
und die Sicherheit gibt,
wir sind nicht allein.

Zwischen uns

Zwischen hier und dort
liegt kurz die Ewigkeit.
Die Zeit trägt das hinfort,
was nicht für immer bleibt.

Zwischen dort und hier
liegt lediglich ein Schritt.
Ein Paar aus dir und mir,
das Leben nimmt uns mit.

Zwischen mir und dir
liegt eine ganze Welt.
Der Glaube an das Hier
die Liebe in uns hält.

Liebe – ein Wort

Ein Wort mit tausend Dimensionen,
und in keiner finde ich mich wieder.
Ein Wort, das scheint so viel zu lohnen,
von ihm handeln die schönsten Lieder.

Ein Wort – kennen es alle Sprachen
und schlimme Schwüre, wegen dem sie brachen.
Ein Wort – Motiv zahlloser großer Taten.
Ein Wort – für das wurde oft viel verraten.

Ein Wort, das jeder einmal schreibt,
auch wenn er dann alleine bleibt.
Ein Wort, das jeder hören möchte.
Ein Wort, um das ranken sich Gerüchte.

Ein Wort mit so viel Emotion.
Ein Wort, und jeder sagte es schon.
Ein Wort – wenn es doch nur eins bliebe,
es ist viel mehr, es ist die Liebe.

Einzigartig

Wir sind einzigartig!
Ja, das stimmt.
Es ist aber wichtig,
was man gibt
und nicht nimmt.

Wir machen viel falsch,
und das ist auch richtig.
Die Versuche, sie zählen,
Erfolg ist sehr flüchtig.

Hör auf dein Herz,
alles andere ist nichtig!

Das

Das, was das Herz erfreut,
das, was der Kopf nicht bereut,
das, was in den Händen entsteht,
das, was über Jahre nie vergeht.

Das, was mit Liebe betrachtet,
das, was mit Aufmerksamkeit geachtet,
das, was dazwischen stets liegt,
hat der Mensch nie besiegt.

Realistisch

Ob Liebe eine Sünde ist,

das fragt sich nur der Realist.

Denn traut er nicht seinem Gefühl,

entzieht sich's doch jedem Kalkül.

Und wo kein Plan, da auch kein Ziel.

So bleibt das Herz stets aus dem Spiel.

Zeitlos

Alt oder jung oder sogar neu.
Egal wie es ist, Hauptsache treu.
Liebe kennt das Alter nicht,
hat auf Zeit 'ne eigene Sicht.

Voller Angst

Angst vorm Mut

Es sprach die Angst zum Mut
„Es ist ja doch ganz gut,
wenn man es einfach tut,
denn es kommt eh ganz anders."

Es sprach der Mut zur Angst:
„Solang du hoffst und bangst,
passieren viele Dinge,
drum kämpfe um sie und ringe
dich einfach zu was durch."

Schrei

Manchmal scheine ich unsichtbar,
die anderen wirklich und so klar.
Dann geh ich in der Masse unter,
ist sie doch schillernd, so viel bunter.
Stehe mit mir still, aber ohne Ruh,
sehe der anderen Treiben zu.
Wünsch mir 'ne Stimme und ein Podest,
will endlich feiern den kleinen Rest
an Mut, der mir geblieben ist,
bevor Selbstzweifel auch den auffrisst.

Scheu

Wir folgen gern dem Ruf
des Unbekannten und Fernen.
Wir träumen groß und schön,
greifen oft nach den Sternen.

Wir planen und wir schmieden
ein Leben lang am Glück.
Und doch holt die Gewohnheit
uns gern dorthin zurück,
wo wir gerade stehen.
Tagein und auch tagaus,
weil wir nicht vorwärts gehen,
das ist zurecht der größte Graus.

Bequem ist uns das Leben,
wenn es einfach verläuft.
Es lohnt nur abzuheben,
wenn man nicht sehr bereut,
das Alte aufzugeben,
und selbst die Angst nicht scheut.

Es ist wie

Es ist wie auf den Flügeln eines anderen sitzen,
dabei zu sein, und die eigenen Träume blitzen
nur wie Wunschbilder vorbei.

Es ist wie dieses „Ich wäre gerne so wie du."
Ständig hört man Geschichten anderer zu,
nur ist man selbst nie dabei.

Es ist wie Warten auf diese eine Möglichkeit,
Suche nach Ort und Zeit und deren Richtigkeit,
nur ist der Alltag schwer wie Blei.

Es ist wie der Startschuss, der niemals fällt,
die Angst vor der Ängstlichkeit,
der man sich nie stellt,
nur, wie wird man frei?

Was wir lernen

Wenn Abgründe sich auftun,
wachsen wir über uns hinaus.
Es geht nicht ums Gewinnen,
vielmehr: „Was lernst du draus?"

Wenn Umstände sich verändern,
tun es manche Menschen nicht.
Zeit fliegt mit bunten Bändern
und zeichnet dein Gesicht.

Richtung

Hier steh ich nun und weiß nicht weiter.
Vor mir nur Stufen, hinten 'ne Leiter.

Über Steine stolpere ich oft genug.
Sie haben Namen, einer lautet Betrug.

Der Weg ist anscheinend das bekannte Ziel,
doch Wege gibt es jetzt viel zu viel.

Was hilft die Karte in der Hand,
wenn der Ort nicht mal benannt?

Auch will ich keinen mehr befragen,
da alle etwas anderes sagen.

Laufen, gehen oder schnell rennen,
man sollte wenigstens die Richtung kennen.

Bin ich am Anfang oder am Ende,
ein Schritt zurück oder 'ne Wende?

Ein Name auf dem Schild wohl prangt,
das Herz, der Bauch, selbst der Kopf, er bangt.

Hier steh ich nun und weiß nicht mehr,
wie kam ich eigentlich hierher?

Zweifel

Die Tage ziehen ins Land,
verbrannte Lebenszeit
und kein Gedanke bereit,
ausgesprochen zu werden.
Ohne Leitsatz,
die Ideenherden
ohne Worte, ohne Ziel.
Dann ist wenig schon zu viel,
unverstanden und fragil
das Selbst im Ich.

Mut gemacht

Der schönste Moment

Der schönste Moment,

wenn man erkennt,

wer man ist,

weil man war

und lernte.

Sag,

sind wir nicht wunderbar,

wenn wir uns selbst erkennen?

Jetzt

Die Welt ist jetzt
und nicht irgendwann.
Drum tue es,
dann ist es getan.
Erinnern kannst du
dann und wann,
was tatsächlich passierte,
dich zu Neuem inspirierte,
so richtig faszinierte,
dass man es greifen kann,
und Träume verändern dann
das Jetzt.

Die eigene Natur

Wir streben oft nach großen Dingen,
und mögen sie uns nicht gleich gelingen,
finden wir die besten Lehren
auf den harten Wegen nur.
Lernen ist stets nur kopieren,
doch nicht das ist wahre Kunst.
Sehen, fühlen, interpretieren,
und ahnen, was wir heiß begehren,
und sei's nur dessen kleine Spur,
wenn wir uns an uns selbst probieren,
sammeln wir Wissen und studieren
die eigene Natur.

Frei

In der Hand viele Luftballons,
ein Strauß aus alten Träumen.
Ich lass sie einfach los,
es gibt nichts zu versäumen.
Sie fliegen leicht davon,
ist schön, ihnen zuzusehen.
Der Kopf ist wieder frei,
kann neue Wege gehen.

Selbst und bewusst

Ich habe mich erinnert,
wie es ist, gerade zu stehen,
mich nicht zu ducken
und euch in die Augen zu sehen,
nicht nach unten zu gucken.
Hier stehe ich.
Kommt, schaut mich an!
Weiche nicht mehr zurück,
gehe voran.

Frau sein

„Kind und Job sind vereinbar!"

Das klingt einfach

und scheinbar

für viele Frauen

spielend machbar.

Nur nicht für mich!

Hier stehe ich

und heule.

Am Kind prangt eine Beule,

der Hund kotzt in den Flur,

und ich frage mich nur:

Wo und was zuerst anfassen,

ohne etwas zu verpassen?

Ich wasche, ich bügle und wechsle die Windeln.

Fragt man: „Wie geht's?",

tue ich meistens schwindeln.

Es geht oft nicht gut,

öfters geht's sogar schlecht,

und mit Recht

nennt man Frauen nur heimlich

das starke Geschlecht.
Denn täte man's offen,
bliebe nur zu hoffen,
dass keine von uns verneint
und plötzlich weint.

Tag für Tag

Ich will mich nicht zerstreuen,
ich halte an mir fest.
Und werde nichts bereuen,
lebe, was sich leben lässt.

Und ist es auch mal bitter,
nicht süß die Wahrheit schmeckt.
Wie schön ist ein großes Gewitter,
wenn man seine Kraft entdeckt.

Lieber

Lieber scheitern
und erheitern.

Lieber tanzen,
als verschanzen.

Lieber fluchen
beim Versuchen.

Lieber das
anstatt „Was wäre, wenn ..."

Aller Anfang

Fang alles an
und bring nichts zum Ende.
Es schwirren Gedanken,
doch ruhen die Hände.

Macht dies, macht das,
das andere auch,
hört auf das Herz,
nein, lieber auf Bauch.

Es gibt tausend Pläne
und viele Ideen,
die Dinge beginnen
und bleiben oft stehen.

Wie soll man nur
so viele Dinge studieren
und hinterher auch noch
sich daran probieren?

Und sucht man den Weg,
dann fehlt die Struktur.
Die lustige Frage:
Was mache ich hier nur?

Irgendwo dort, weit weg,
da erahnen wir ein Ziel,
gehen einen Schritt vor.
Plötzlich fehlt nicht mehr viel.

Erfahrung gesammelt

Dankbarkeit

Für alles, was kommt,
für alles, was geht,
für alles, was zerfällt,
für alles, was entsteht.

Für jede einzelne Wunde,
für jede einzelne Träne,
für jede volle Stunde,
für alles, was ich ersehne.

Für jede einzelne Chance,
egal, ob gut oder schlecht.
Für jedes der vielen Gefühle,
egal, ob gespielt oder echt.

Für all die anderen Menschen,
die kamen und die, die gingen.
Die, die mich so viel lehrten
und gar mein Herz einfingen.

Für dich, für mich, für uns,

für Liebe, Glück und Streit,

für alles, was hier ist

und was uns bleibt und treibt.

So läuft's

Ein bisschen lieben,
ein bisschen leben.
Ein bisschen nehmen,
ein bisschen geben.
Ein bisschen freuen,
ein bisschen fluchen.
Manchmal bereuen
und nochmal versuchen.

Ich kann

Ich kann nicht richtig Kommas setzen,
ich weiß die Dinge nicht zu schätzen,
ich kann 'ne Menge Müll rausschwätzen.

Ich kann nicht gut Tapeten kleistern,
ich weiß auch kein Problem zu meistern,
ich kann mich für jeden Scheiß begeistern.

Ich kann mich schlecht in Gruppen fügen,
ich weiß von Beinen an den Lügen,
ich kann mich selbst sehr gut betrügen.

Ich kann mit dem Kopf durch Wände gehen,
ich weiß im Streit Worte zu verdrehen,
ich kann als Frau meinen Mann gut stehen.

Ich kann, ich weiß und will doch nicht,
denn alles erscheint gar wie 'ne Pflicht,
vor lauter Zielen kein Land in Sicht,
und Angst, dass einem das Herz zerbricht.

Schadenfreude

Aus der Ferne
schauen wir gerne
anderen beim Scheitern zu.
Freuen uns in aller Ruh
über fremdes Missgeschick.
Doch im nächsten Augenblick
sind wir's, die man verlacht.

Spiegel

Wir laufen durch ein Kabinett
aus Silberglas
und denken Wunder was,
wenn wir darin nur andere sehen,
denn fällt's oft schwer, es zu verstehen,
dass wir es sind, die plump und fett
Bilder wiedergeben
von unserem eigenen Leben.

Schauspieler

Versuche zu sein, wer ich nicht bin,

und spiele dabei nur 'ne Schauspielerin.

Für jede Person eine eigene Rolle,

und das alles spielen wir – ohne Kontrolle.

So spielen wir Dramen in mehreren Akten,

erfinden Lügen, Geschichten und Fakten.

Und plötzlich wird es um uns stumm:

Wir sind nicht die Spieler, wir sind das Publikum.

Es gibt keine Regeln und auch kein Verbot.

Wir sterben nur innerlich einen schmerzlichen Tod.

Wir arbeiten, schlafen und ackern uns hinauf,

so nehmen Komödien gern ihren Lauf.

Lohn

Hinterher ist man oft schlauer
und weiß alles viel genauer,
denn Dinge haben ihre Dauer.
Doch was wäre Lernen,
wenn man vorher wüsste,
was man wollte oder müsste?
Drum nimm jede Lektion
ohne Ärger oder Hohn,
sie ist trotz allem guter Lohn.

Verstehen

Ich will nicht verstanden werden,
ich will verstehen.
Der Trick ist, nicht zu bleiben,
sondern zu gehen.

Was willst du vermissen,
was du nie gesehen?
An was willst du glauben,
zu wem demnach flehen?

Wir drehen im Leben sehr viele Schleifen,
nicht nur zur Übung, meist zum Begreifen.

Muster

Wir sind aus bekannten Mustern gestrickt.
Wenn etwas nicht passt, dann wird es geflickt.
Doch einige erfinden ihr Muster ganz neu,
dann stehen wir da, betrachten sie scheu.

Kritik

Die einen reimen gut,
die anderen reimen schlecht.
So ist auch die Bewertung
nicht selten ungerecht.
Ist man schon sehr berühmt,
reimt man ganz ungestümt
„Menschenmenge" auf „Gedränge".
Doch sind dies deine Anfänge,
verdreht der Kritiker die Augen wieder
und behauptet: „Das sind Lieder
von Menschen, die nix können,
Ruhm ist denen nicht zu gönnen."
Drum hör nicht auf den Kritiker,
denn den plagt oft der Neid gar sehr.

Weisheit erlangt

Das Leben

Das Leben hängt an einem Faden,
einem dünnen und recht geraden.
Doch ist da mal der Knoten drin,
fragt gleich jeder nach dem Sinn.

Nichts bleibt

Leise, sehr leise
ticken die Uhren.

Zeiten verwischen
und tilgen unsere Spuren.

Wir tanzen dazwischen
als bunte Figuren.

Nichts bleibt,
nichts bleibt,
nichts bleibt!

Anders

Ach, wäre ich doch froh,
wärst du nur gerade so,
wie ich dich gerne hätt'.
Dann wäre es sehr nett.

Doch bist du's leider nicht
und ich gar sehr erpicht,
dich hin und her zu wenden,
und zieh an beiden Enden.

Denk mir, es würd' dir stehen,
dich nur einmal zu sehen,
wie ich es gerade tu.
Dann wär' auch mal 'ne Ruh.

Doch als ich das so denke
und mich dabei verrenke,
wird mir auf einmal klar:
Du drehst an mir. Oh ja!

Zwei Doofe - ein Gedanke!
Nee nee, da ist 'ne Schranke,
vor der wir alle stehen
und nie in Köpfe sehen.

So ist die Welt die deine
und meine 'ne geheime.

Doch sind wir beide schlau
und wissen ganz genau:
Wie gut, dass auch der andre denkt
und für sich selbst die Dinge lenkt.

Utopien

Ich bin nun mal ich.

Oft unverbesserlich.

Und so gern will ich glauben,

keinen Traum lass ich mir rauben

von Regeln und Gesetzen,

die Leute aufsetzen

weit weg der Realität

und in voller Naivität,

dass geschriebene Worte

vor Unrecht uns schützen,

sowieso nichts nützen,

wenn nicht gelebt.

Und die Meute bebt,

weil nach Gerechtigkeit sie strebt

voller Hass und voller Wut,

doch hat keiner den Mut,

zu sagen, wie es ist:

Verbrechen ist, was es ist.

Denn stets gilt's zu besprechen,

wenn andere Regeln längst brechen,

und Gewalt bricht sich Bahn.

Was wird also getan?

Respekt ist nur ein Wort.

Frieden ist ein fremder Ort.

Freiheit ist ein hehres Ziel.

Ja, doch ich will sie!

Anscheinend will ich sehr viel.

Was ich suche

Was ich suche,

was ich finde,

was ich mir an die Hacke binde.

Was ich denke,

was ich fühle,

in wessen Wesen ich da wühle.

Was ich sehe,

was ich höre,

an was ich mich an dir bloß störe?

Was ich bin,

bin ich allein,

so war's und wird's wohl immer sein.

Dialoge

Wir hören nicht zu, wir hören nicht hin,
wir kennen die Worte, doch nicht ihren Sinn.
Wir hören nicht hin, wir hören nicht zu,
wir kennen das Schweigen: ist ein "ich" und kein "du".

Nur reden

Mal ist es zu viel,

dann wieder zu wenig.

Den richtigen Ton?

Den trifft man nicht ewig.

Und klingt 'ne Frage noch so schlau,

weiß man es erst und ganz genau,

ob sie es auch ist,

denn mancher Zwist

schon oft 'ne Antwort war.

Und eins ist klar:

Du weißt es immer hinterher.

Die Kunst des Mundwerks,

die ist schwer.

Menschen

Menschen sind Reibung,

manchmal Übertreibung.

Denn wir ringen

leidenschaftlich

mit den kleineren Dingen.

Wer soll's holen?

Wer soll's bringen?

Beachtlich,

wie wir streiten

um uns selbst.

Perfektionismus

Perfekt

eckt an,

denn man kommt

selten heran,

und wenn's glückt,

macht es verrückt,

weil man nur noch Makel sieht

und schwer vergibt,

sogar sich selbst.

Mitte

Nicht schwarz noch weiß,

sondern nur grau.

Nicht klug, nicht dumm,

lediglich schlau.

Nicht blau, gar gelb,

ein bisschen grün.

Weder recht hässlich,

doch auch nicht schön.

Nicht rechts, nicht links,

es ist so grässlich.

Das Mittelmaß ist stets verlässlich.

Das Kreuz

Ein Zeichen meiner Bürde.
Ein Symbol meiner Würde.

Ein Zeichen meiner Stärke.
Ein Motiv vieler Werke.

Ein Siegel für das Leben.
Ein Weg viel zu geben.

Ein Siegel der Macht.
Ein Weg voller Pracht.

Ein Grund für den Krieg.
Ein Beweis für den Sieg.

Ein Grund für Sein und das Werden.
Ein Beweis für Himmel und Erden.

Gemeinsam gelernt

Ungleich

Wir sind nicht gleich, wir waren es nie,
und genau hier liegt alle Ironie,
wenn wir gern' hätten, was nicht ist,
versagen These samt Idealist.

Wir sind verschieden, wir sind nicht gleich.
Für immer gibt es arm und reich
an Geld und Kraft, an Intellekt,
und keiner von uns ist je perfekt.

Der große Traum: Wir gehen konform
und deuten gleich zur Uniform,
die keiner von uns tragen mag,
der Gleichheit wegen – kein Vertrag!

Und trotzdem tönt's uns hart entgegen:
Sind alle gleich - Gesetzes wegen.

Wer wir sind

Jetzt bin ich also hier,
nun möchte ich auch sein.
Ich bin mir nur nicht sicher,
ob als Schatten oder Schein.

Ich sehe all die Menschen,
ich blinzle, starr und schau
und denke bei den Bildern:
„Was sind die alle schlau!"

Der eine hat 'nen Doktor,
die andere 'ne Bombenfrau,
doch sind sie nur paar Bilder.
Wer sind sie denn genau?

Ich stehe zwischen ihnen
und fühl mich furchtbar klein.
Wem soll ich hier nur dienen?
Die Wahl, sie ist gemein.

Jetzt bin ich also hier,
nun möchte ich auch sein.
Drum muss ich mich entscheiden,
ob Drecksau oder Schwein?

Sie sind sehr schön und mächtig,
ihnen gehört die Welt.
Ihr Reichtum so beträchtlich,
doch wer braucht so viel Geld?

Sie tun so viele Sachen
und wissen, was sie tun.
Nur sieht man sie nicht lachen,
erst recht nicht einmal ruhn.

Und alles ist so wichtig.
„Tu dies, und mach es richtig,
und frag nicht nach dem Zweck,
sonst bist du ganz schnell weg."

Jetzt bin ich also hier,
nun möchte ich auch sein.
Und stelle dumme Fragen:
Muss es wirklich so sein?

Man muss, man soll,
man sollte können.
Du kannst, du wirst
nur dann gewinnen,
wenn du tust und machst,
was man dir sagt.
Ob du es willst,
kaum einer fragt.

Jetzt bin ich also hier,
nun möchte ich auch sein.
Und bin ich nicht wie ihr,
dann ist das auch recht fein.

Erwachsen

Was man so entdeckt,
was in einem steckt,
wenn Dinge enden,
die wichtig schienen.

Und was man dachte,
als man nur lachte
hinein in ernste Mienen.

Was man so versteht,
wenn man selbst geht,
dann sieht man Fußstapfen
plötzlich anders.

Und was man glaubte,
als man sich erlaubte,
ein Urteil über andere zu fällen.

Und was man so hat,

ist ein Buch und kein Blatt

mit Wissen und Erfahrungsschatz.

Was man so entdeckt,

was in einem steckt,

wenn das Leben vergeht,

weil die Zeit niemals steht.

Der Weise

Der Weise
ist dummerweise
gerne leise.
Während der Pöbel schreit
mit Schultern gestreckt und breit.
Und mit der Zeit entgleisen
selbst dem stärksten Weisen
Worte
wie heiße Eisen.

„Ihr Idioten!",
schließlich er brüllt.
Doch zu spät,
denn hasserfüllt
das Rudel steht,
und voran geht
der Leithammel im Wolfspelz.

„Des Wolfes Wolf ist er gar nicht!"

„Seht – ein dummes Hammelsgesicht!"

Appell verhallt,

und bald,

sehr bald

fliehen alle Weisen.

Es kommt die Zeit,

sie ist nicht weit,

da werden alle schweigen.

Und Wölfe Köpfe neigen.

„Warum hat uns niemand gewarnt?"

Erinnerungen

Paar behalten, paar vergessen,

so viele gelebt und andere vergessen.

Für manche geweint, über andere gelacht,

und über zu viele zu viel nachgedacht.

Nach Jahren des Lebens

kommen sie wieder

und suchen ihren Platz

in Gedichten, als Lieder.

Paar Zeilen nur und einige Strophen,

ein leises Knistern wie Feuer im Ofen.

So sitzen wir zusammen

und beobachten die Flammen,

wie sie die Zeit schnell verbrennen,

der wir ständig nachrennen.

Und wir singen alte Lieder,

sehnen uns so sehr wieder,

nach dem, was damals war.

Und stellen doch fest,
es ist nur der Rest,
der als Erinnerung bleibt,
denn die Zeit, sie verweilt
nicht bei uns.

Ziel

Im Hamsterrad stehend
dem Ziel entgegenlaufen wollen,
ohne den Kreis zu sehen.
Durch die Wüste
aus Sätzen
laufen und springen
wir einen Marathon.
Und erreichen die
Oase, die wir dann
glücklich
Heimat nennen.
Der Sinn baut unsere Stadt,
schau, wir jubeln.
Hauptsache, eine Aufgabe
gefunden.

Geduld

Tugendhaft ist die Geduld,
so ist man meisten selbst dran schuld,
werden Dinge gar erzwungen.
Mit mehr Zeit wohl gut gelungen.

Und Schuld hat meist die Ungeduld
bei all den Sachen,
die wir machen
und versauen,
anstatt auf Zeit mal zu vertrauen.

Denn auf Dauer
ist es schlauer,
betrachtet man Dinge etwas genauer.
Ein Urteil ist zu schnell gefällt,
und daran krankt die ganze Welt.

Irgendwo

Irgendwo geht die Welt gerade unter.
Irgendwo sind Blumen wahrscheinlich bunter.
Irgendwo wird ein Kind neu geboren.
Irgendwo geht ein Ideal schlicht verloren.

Irgendwo werden gerade Verträge gemacht.
Irgendwo wird gerade geweint und gelacht.

Irgendwo findet gerade jemand sein Glück.
Irgendwo zahlt jemand Schulden zurück.
Irgendwo schaut jemand gerade aufs blaue Meer.
Irgendwo rennt einer seinem Traum hinterher.

Irgendwo tobt gerade schrecklicher Krieg.
Irgendwo erringt wohl das Gute 'nen Sieg.
Irgendwo sterben Leute, Menschen wie wir.
Irgendwo leidet gerade sinnlos ein Tier.

Doch sind wir nicht irgendwo.
Wir sind gerade hier.

Abschied genommen

Sternenstaub

Das Lachen hörte sie so gern,
und wäre der Himmel blauer,
suchte sie im Schmutz
die Körner Sternenstaubs,
aus dem die Träume sind,
wenn Kinder nachts die Augen schließen,
um dorthin zu reisen,
bevor die Schwerkraft der Realität
so manchen zu Boden gehen lässt.
Schließe die Augen und weine,
danach stehe wieder auf.
Für jeden liegt zu seinen Füßen
genügend Sternenstaub.

Enden

Wie ähnlich
und dämlich
wir doch waren
in all den Jahren.

Wenn Freundschaften sterben,
gibt's vieles zu erben.
So kommt jeder zu 'ner Lehre:
Dir die leichte, mir die schwere.

Heute weiß ich Bescheid,
nehme Zwist und auch den Streit.
Würde alles wieder genauso tun.
Sehe endlich Wunden heilen.
Gedanken ruhn.

Wege

Geh deine Wege,
ich gehe die meinen.
Es gibt einfach Dinge,
die sind nicht zu vereinen.

Geh deine Wege,
tanze, lauf und sing.
Es ist, wie es ist:
Mach nicht anderer ihr Ding.

Geh deine Wege,
schau nach vorn und zurück.
Zu all unserem Streben
braucht es Fleiß und auch Glück.

Daheim

Wir sind vergänglich
und doch so anhänglich.
Halten uns fest
an dem einen Nest,
das wir Heimat und Zuhause nennen,
dort, wo wir hinrennen,
wenn uns die Welt nicht versteht,
wenn jemand kommt oder geht.

Wandel

Ich ging aus mir heraus
und ließ vieles hinein.
Es fielen auch die Hüllen,
vom Herzen mancher Stein.
Hab so vieles versäumt,
mich für Falsches gar geniert
und weiß nun hinterher:
Es hat niemanden interessiert.
Bis auf mich,
sicherlich.
Doch ist es nicht verwunderlich,
dass die eigene Welt
erst am Ende gefällt?

Unvermisst

Vieles verläuft wie billige Tinte.
Deine Freundschaft war 'ne große Finte.
Habe dir so viel geglaubt,
du hast mir nur Zeit geraubt.
So schreib ich es heute als Gedicht:
Ich denk zurück, doch fehlst du nicht.

Unsere Welt

Was unsere kleine Welt
so sehr zusammenhält,
ist die schöne Illusion,
dies wäre schon
aller anderer Realität.
Die auf dem Spiel dann steht,
wenn uns was nicht gefällt,
der Horizont zerfällt,
der für die Ewigkeit erstellt
war aus Ideen,
die andere nicht verstehen
und trotzdem weitergehen,
auch über unsere Grenzen
des Verstands.
So prallen unsere Welten,
und das auch nicht sehr selten,
im Kampf und Krieg zusammen.

An Horizonten glitzern Schrammen,
wenn Realitäten so verschwimmen,
sieht man Ideologien glimmen
und Illusionen sanft entschwinden.

Siege

Ich bekam viele Flügel,

doch Federn, die fehlten.

Alle sprachen vom Fliegen,

aber selten befahlen

die Redner das eigene Ich.

Aber mich

wollten sie lehren,

wie es ist zu begehren,

was sie selbst nicht vollbrachten,

als sie dachten,

sie gäben mir Freiheit.

Sie gaben mir Steine.

Und jetzt habe ich lange Beine.

Bin nicht über mich hinausgewachsen,

ich bin geflogen,

und fliege.

Ich habe geflunkert,
ihr habt gelogen.
Einige Niederlagen
sind versteckte Siege.

Streitgespräch mit der Zeit

Sie musste einmal zur Rede gestellt werden. So konnte es nicht mehr weitergehen, also nahm ich sie mir.

»Wo bist du nur geblieben?«, frage ich aufs Geratewohl.

»Die Frage verstehe ich nicht, ich bin doch da«, entgegnet sie recht verdutzt.

„Nein, ich meine, warum bist du so schnell vergangen? Wenn ich zurückschaue, dann kann ich es kaum glauben, dass vieles schon so weit zurückliegt.«

»Der Eindruck täuscht dich. Glaube mir.«

Welch flapsige Antwort, aus der man das Schulterzucken heraushören kann.

»Warum bist du nie da, wenn ich dich brauche? Ich bin abgehetzt und schaffe es einfach nicht, die Sachen zu erledigen, die wirklich wichtig sind.«

»Dafür kann ich doch nichts.«

»Es gibt viel zu tun, und von dir gibt es so wenig«, fahr ich sie an. »Also erzähl nix! «

Sie bleibt unbeeindruckt. »Für jeden gibt es gleich viel. Der eine oder andere weiß einfach besser mit mir umzugehen. Es liegt allein an dir.«

»Du machst doch nur, was du willst. Du läufst davon, manchmal scheinst du sogar zu fliegen.« Es ist der verzweifelte Versuch, ihr zu erklären, wo das Problem liegt.

»Ich bin immer gleich, habe mich nie verändert. Falls du es genau wissen willst, ich habe es auch nicht vor.« Ihre Stimme ist ruhig, aber mit diesem Hauch Arroganz gespickt, der einen in Diskussionen zu Äußerungen verführt, die man sogleich wieder bereut. Meistens noch während man sie ausspricht.

Wütend stampfe ich auf. »Das stimmt nicht! Es gibt Augenblicke, an denen du einfach nicht vergehen willst. Du ziehst dich unnötig in die Länge und lässt mich warten auf wichtige Geschehnisse und auf den Bus.« Warum ist sie so unnahbar?

»Tue ich nicht. Du weißt nur nichts mit mir anzufangen in solchen Momenten.«

Jetzt sollte ich wieder diejenige sein, die nicht mit ihr kann. Hat sie sich einmal die Mühe gemacht, mit mir zu können? Gut, deswegen sind wir jetzt hier. Um das endlich zu klären. In ruhigen und bedachten Worten. »WILLST DU MIR ETWA UNTERSTELLEN, ICH WÜRDE DICH VERSCHWEN-DEN?« Gut, das war nicht ruhig. Mit ihrem gleich-mäßigen Lauf bringt sie mich zur Weißglut.

»Ja, das tust du. Das tut ihr alle und beschwert euch, dass ihr zu wenig von mir habt. Ihr kommt mit mir nicht klar. Anstatt die Gründe und Ursachen dafür bei euch zu suchen, gebt ihr mir die Schuld an Alter, Krankheit, verpassten Chan-cen, Liebe und Glück, Tod.«

»Und heilen kannst du auch nicht. Du hast es nie gekonnt!«

»Ich habe nie behauptet, dass ich das kann. Auch das ist wieder eine deiner Vorstellungen«, antwortet sie.

Mir bleibt die Spucke weg. War das alles, was sie zu ihrer Verteidigung vorzubringen hatte? Wir sind alle selbst schuld? Ein Argument in verschiedenen Variationen auf jede Frage. An dieser Stelle würden wir nicht weiterkommen, sie und ich.

»Ja, wir sagen schon seltsame Dinge über dich. Warum sagt man, du ziehst ins Land? Was wirst du eigentlich zeigen? Was sind denn deine Zeichen?«, will ich von ihr wissen.

Ha, jetzt habe ich sie! Sie schweigt lange, wahrscheinlich muss sie nachdenken. Zumindest das eine Mal habe ich das Gefühl, die richtigen

Fragen gestellt zu haben. Es vergeht eine Weile, in der ich gespannt warte.

Plötzlich lacht sie los. »Weil ihr versucht, mit mir Dinge zu erklären. Mehr nicht!«

Ich schnappe nach Luft, Blut schießt mir in die Schläfen. »Was fällt dir eigentlich ein? Du kommst und gehst, wann und wie du willst. Du bist da, wenn du unnötig bist und vergehst, wenn du am dringendsten gebraucht wirst. Dir ist alles egal, und dann behauptest du auch noch, wir seien selbst der Grund?«

»Ihr seid diejenigen, die mich in Jahre, Monate, Wochen, Tage, Stunden, Minuten und Sekunden spaltet. Ihr seid es, die mich vermessen und anhand von Stücken meiner beurteilen, was ich tue oder nicht. Wie ich mich bewege und was ich anscheinend bin und kann«, sagt sie.

»Wie sollen wir es denn sonst machen?«, will ich von ihr wissen, doch sie verrinnt mit dem letzten Sandkorn in das untere Glas.

»Und wo bist du nun schon wieder geblieben?«, frage ich frustriert.

»Ich bin doch gar nicht weg gewesen«, entgegnet sie schmunzelnd.

Über die Autorin

Johanna Schließer, geboren 1977 in Kattowitz (Polen), lebt seit ihrer Kindheit in Deutschland, ist verheiratet, Hundebesitzerin, wohnt und arbeitet heute in Stuttgart. Den Glauben an Hexen und Drachen sowie die Faszination für alte Mythen und die Magie hat sie nie verloren. Dies findet sich in ihren Geschichten für Jung und Alt wieder.

Seit 2003 schreibt sie Gedichte, mal augenzwinkernd, mal besinnlich. 2012 erschien ihre erste Fantasy-Erzählung Drachenfeuerjagd als E-Book und mittlerweile auch als Print. Zu ihren Vorbildern zählen unter anderem Astrid Lindgren und Terry Pratchett.

„Jede Geschichte, die wir uns ausdenken, ist im Grunde Fantasy."

Besuchen Sie mich auch auf www.jos-truth.de

Stille Kämpfer

Viele große Schlachten, die wir in unserem Leben führen, finden nur hinter unserer Stirn statt. Wo kämen wir denn hin, wenn wir jedem die Wahrheit sagen würden. Und wollen wir das überhaupt? Diese Gedichte handeln von diesen inneren Kämpfen. Den Begleitern in der Nacht, unseren Tagträumen und den heimlichen Verbündeten, die nur wir kennen. Liebe, Sehnsucht, Hass, aber auch Hoffnung und Neubeginn. Vorhang auf!

Erschienen als E-Book amazon und auch für tolino.

Drachenfeuerjagd

Eigentlich wollte Merranas nichts weiter, als schnell und einfach einen Batzen Drachengold verdienen. Stattdessen muss der junge Kopfgeldjäger seinem Auftraggeber, dem mächtigen Drachen Kallestrus und dessen Sohn Kiromin dabei helfen, die Welt vor dem Untergang zu bewahren. Auf der Jagd nach der Tochter des Obersten Kirchenführers und damit der berüchtigten Drachentöterin gerät nicht nur Merranas' Welt aus den Fugen – schon bald verstricken sich er und vergessen geglaubte Verbündete tiefer und tiefer in die Machenschaften und Geheimnisse der Mächtigen. Als der Untergang allen Seins bevorsteht, müssen alte Feinde und neue Freunde gegen einen gemeinsamen Gegner kämpfen: die Zeit.

Dieser Band enthält die Teile „Der Auftrag", „Alte Geheimnisse" und „Zwischen den Zeiten" der Serie Drachenfeuerjagd - Merranas.

Auch als Taschenbuch bei amazon.